BEI GRIN MACHT SICH IHR WISSEN BEZAHLT

AF145787

- Wir veröffentlichen Ihre Hausarbeit,
  Bachelor- und Masterarbeit

- Ihr eigenes eBook und Buch -
  weltweit in allen wichtigen Shops

- Verdienen Sie an jedem Verkauf

Jetzt bei www.GRIN.com hochladen
und kostenlos publizieren

Bibliografische Information der Deutschen Nationalbibliothek:

Die Deutsche Bibliothek verzeichnet diese Publikation in der Deutschen National-
bibliografie; detaillierte bibliografische Daten sind im Internet über http://dnb.d-
nb.de/ abrufbar.

Impressum:

Copyright © 2017 GRIN Verlag
Druck und Bindung: Books on Demand GmbH, Norderstedt Germany
ISBN: 9783668700253

Dieses Buch bei GRIN:

https://www.grin.com/document/424634

Christin Curth

Warum ist es so wichtig Drucken in der Grundschule zu thematisieren?

GRIN Verlag

GRIN - Your knowledge has value

Der GRIN Verlag publiziert seit 1998 wissenschaftliche Arbeiten von Studenten, Hochschullehrern und anderen Akademikern als eBook und gedrucktes Buch. Die Verlagswebsite www.grin.com ist die ideale Plattform zur Veröffentlichung von Hausarbeiten, Abschlussarbeiten, wissenschaftlichen Aufsätzen, Dissertationen und Fachbüchern.

Besuchen Sie uns im Internet:

http://www.grin.com/

http://www.facebook.com/grincom

http://www.twitter.com/grin_com

Universität Potsdam

Humanwissenschaftliche Fakultät

Department Lehrerbildung

Grundschulpädagogik Kunst

Modul 4 - Wirkungsforschung: Kunst und Bildung

SoSe 2017

Seminar: „… Du, wir müssen reden."

Reflexion

Warum ist es so wichtig Drucken in der Schule zu thematisieren?

Wie kann man Druck in der Schule umsetzen?

Warum macht es Kindern so viel Spaß?

Was kann man alles damit schaffen?

Wozu ist Drucken gut?

Christin Curth

Studiengang: Lehramt Sekundarstufe 1 mit Schwerpunkt Primarstufe

Studienfächer: Französisch, Mathe, Kunst

Fachsemester: 1

Potsdam, den 15. August 2017

Von allen künstlerischen Techniken ist das Drucken vielleicht das vielfältigste Medium. Es ist überraschend und spannend und nur bedingt kontrollierbar. Für Kinder ist es scheinbar ein eher unsicherer und komplizierter Prozess, da sie den Fortschritt und die Qualität ihrer Arbeit nur eingeschränkt verfolgen können (vgl. Aissen-Crewett 2007: 60).

Als guten Einstieg empfiehlt es sich mit der Drucktechnik Monotypie zu beginnen. Wenn die Schülerinnen und Schüler (SuS) einmal damit begonnen haben, gibt es kaum ein Halten mehr und sie wollen alle Möglichkeiten dieser Technik ausprobieren. Dazu benötigt man eine Glasplatte, gegebenenfalls kann auch eine glatte Kunststoffplatte verwendet werden. Auf diese Platte wird Farbe gemalt, danach wird auf diese das Papier gelegt und vorsichtig festgetupft und darüber gestrichen. Anschließend wird das Blatt ebenso sorgfältig wieder abgezogen (vgl. ebd.: 60 f.).

Der experimentelle Charakter des Drucks übt auf Kinder wie Erwachsene eine große Faszination aus (vgl. Kirchner 2013: 54). Mit der Vervielfältigung eigener Gedanken und Spuren werden Zeichen gesetzt, ob als Wort oder Bild. Doch geht der Reiz des Druckens weit über die bloße Reproduzierbarkeit hinaus. Der besondere Reiz liegt im haptischen Umgang mit verschiedenen Materialien einerseits und im Überraschungseffekt beim Druckvorgang andererseits. Jeder Druck birgt seine ganz eigene Ausdrucksstärke, indem er Spuren des Bearbeitens und des Farbauftrags sichtbar werden lässt. Zudem hat jede einzelne Drucktechnik ihren ganz spezifischen Charakter, der durch die unterschiedlichen Materialien und den Umgang mit ihnen verstärkt oder durch Kombinieren der Techniken verändert werden kann. Durch die Entstehung spontaner und überraschender Formen und Strukturen werden die SuS angeregt, Neues auszuprobieren und gestalterisch tätig zu werden. Kinder, die aufgrund von motorischen Defiziten bzw. Ungeübtheit oftmals für sie selbst unbefriedigende Ergebnisse im Kunstunterricht erzielten, haben bei dieser Technik garantiert gestalterische Erfolgserlebnisse. In der Schule zu drucken, wird häufig mit dem Gedanken an großen Techniken und zeitlichen Aufwand verbunden. Doch ist es lediglich eine Frage der Organisation und des vorherigen Erprobens, damit Drucken in der Schule gelingt. Durch einen gut durchdachten Aufbau von einfachen zu komplizierteren Drucktechniken wird das Verständnis der SuS für das Drucken geweckt und das Feld für mehrsinnliches, begeistertes Gestalten bereitet. Schließlich birgt auch jedes Druckergebnis eine Überraschung, die einmalig und durch Kopieren nicht zu ersetzen ist (vgl. ebd.: 54).

„Abdrucken, Abklatschen, Stempeln" sind gut geeignet für einen ersten experimentellen Umgang mit der Technik des Druckens in den Klassenstufen 1 und 2. Dazu gehören auch einfache Stempeldruckverfahren, wie Kartoffel- und Materialdruck (vgl. Hirschle 2017: 20). Die gestalterische Arbeit in unserem Stundenprojekt erfolgte ausschließlich auf Papier und hatte einen sehr freien und experimentellen Charakter. Größtenteils zufällig entstandene Formen und Strukturen wurden phantasievoll assoziiert und interpretiert. Einige Studierende versuchten auch bewusst, gegenständliche Bilder entstehen zu lassen. Das Experimentieren war für sie sehr spannend, lehrreich und wichtig und führte dazu, dass bei vielen der Wunsch entstand, ein vollendetes Bild auf schönem Papier entstehen zu lassen. Die Suche nach einer geeigneten thematischen Eingrenzung unserer Stationen erwies sich als nicht einfach. Einerseits sollte das Thema für die Studierenden klare und gut darstellbare Inhalte aufweisen, andererseits sollte es möglichst viel Gestaltungsspielraum offen lassen. Es sollte den Studierenden ermöglichen, ihre beim Experimentieren gesammelten Erfahrungen einzubringen und die verschiedenen Techniken anzuwenden. Wichtig ist auch, dass es möglichst alle Studierende anspricht, motiviert und zu kreativem Schaffen anregt.

Um unser Projekt auf die Schule zu projizieren, schaut man in den Rahmenlehrplan. Gemäß diesen für das Fach Kunst in der Grundschule machen die Schüler bei diesem Thema Erfahrungen mit dem Material, müssen künstlerische Strategien entwickeln, um ihre Entwürfe umsetzen zu können und um heraus zu finden, welche Grenzen ihnen das Material setzt. Weiter lernen sie Techniken des Druckens kennen. Speziell Stempel begegnen den SuSn überall und sind in ihrer direkten Lebenswelt zu finden. Sie kennen sie vor allem als Poststempel und sie wissen, dass Stempel in Behörden genutzt werden.

Der Druckprozess dient der Vervielfältigung einer Grafik, bei der mittels spezifischer Verfahren des Anpressens oder Drückens von einer Druckform (Druckplatte, -stock) Farbe auf einen Bedruckstoff (z. B. Papier) übertragen wird (vgl. Eid, Langer und Ruprecht 2002: 207). Dabei entsteht ein seitenverkehrtes Bild. Deswegen sollte man alles spiegelverkehrt in die Druckstöcke einarbeiten. Die klassischen Techniken werden seit ihrer Entstehung bereits miteinander vermischt und kombiniert. Druckverfahren sind Verfahren zur mechanischen Herstellung einer beliebig großen Anzahl von Schrift- oder Bildabzügen mit Hilfe einer Druckform durch Übertragung einer färbenden Substanz, der Druckfarbe, auf einen Bedruckstoff mittels Druckmaschinen. Dabei werden Hochdruck, Tiefdruck (z. B. Kupferstich, Ätztechnik, Radierung), Flachdruck (z. B. Lithografie, Offsetdruck), Monotypie und Siebdruck voneinander unterschieden (vgl. Kirchner 2009: 165).

In den Klassenstufen 3 und 4 werden gemäß des Rahmenlehrplans der Grundschule die Drucktechniken wie Hoch-, Tief- und Flachdruck thematisiert. Dazu werden spezifisch diverse Hochdruckverfahren mit unterschiedlichen Druckträgern, Monotypie und Frottage behandelt (vgl. Hirschle 2017: 22). In den Klassenstufen 5 und 6 werden der Material- und Linoldruck, Radierung und Werkzeuge wie Druckplatten, Druckpresse, Radiernadel und Linolschnittmesser konkretisiert (vgl. ebd.: 24). In Anbetracht unseres Projekts werde ich kurz auf den Hochdruck eingehen, da dieser auf unterschiedliche Weise bei den Studierenden umgesetzt wurde. Beim Hochdruck schneidet man die nicht zu druckenden Flächen aus dem Druckstock heraus. Es werden nur die erhabenen Linien und Flächen gedruckt (vgl. Etschmann 1996: 16). Kennzeichnend für den Hochdruck ist, dass alle druckenden Stellen der Form höher als die nichtdruckenden Segmente sind. Die Druckform wird eingefärbt und unter Druck die Farbe auf den Bedruckstoff übertragen (vgl. Eid et al. 2002: 207). Einen Hochdruck erkennt man daran, dass sich der Druck in das Papier einprägt und auf der Rückseite des Bogens leicht erhaben zu spüren ist. Je nach Material des Stempels spricht man beispielsweise von Kartoffel-, Kork-, Karton-, Linol- oder Metalldruck. Aber auch Gegenstände, wie die eigenen Hände, Kordeln oder Naturobjekte können als Druckstock dienen. Während unkompliziert zu bearbeitende Materialien wie Kork, Kartoffeln oder Holz mit Messern in Form gebracht werden können, wird beim harten und speckigen Linoleum spezielles Schnittgerät benötigt (vgl. Sandtner 1979: 80f.). Das Auftragen der Farbe auf den Druckstock kann durch einen Pinsel, ein Stempelkissen oder direktes Eintauchen in die Farbflüssigkeit geschehen. Die Variationen des Druckergebnisses sind zahlreich. So bildet beispielsweise der durch mehrmaliges Drucken auf einer Stelle entstehende Überdruck individuelle Gestaltungsmöglichkeiten durch Strukturverdichtungen (vgl. ebd.: 57). Miteinander kombinierte oder gemischte Farben haben ebenfalls einen besonderen Reiz.

In unserem Projekt haben wir zu anfangs den Alltagsbezug zum Drucken hergestellt. Wo findet man überall Drucke? Auf Tapeten, Postkarten und Computern findet man diese. Dazu haben wir die Reproduzierbarkeit, den Wandel der Druckgrafik und die verschiedenen Drucktechniken vorgestellt. Dabei wurde das Problem der Seitenverkehrung aufgegriffen und das im Nachhinein keine Korrektur möglich ist (vgl. Eid et al. 2002: 204). Bekannte Künstler wie Joan Miró mit seinen Handabdrücken, Yves Klein mit seinen Körperabdrücken, auch Gerhard Richter und Uwe Tobias haben sich im Bereich Drucken einen Namen gemacht.

Als Einstieg für die Studierenden haben wir zuerst gefragt, wo ihnen Drucken überall begegnet und hatten eine Papierrolle ausgebreitet. Darauf konnten sie mit verschiedenen Materialien und Farben herumexperimentieren und Erfahrungen sammeln (Anhang 3). Anschließend gab es eine kleine Diskussionsrunde und die Studierenden berichteten ihre Eindrücke. Wir erläuterten mögliche Ziele und Besonderheiten des Druckens und stellten die einzelnen Drucktechniken vor (Anhang 1).

Danach präsentierten wir unsere einzelnen Stationen und die Studierenden begannen mit der Arbeit. Wir gaben während der Arbeitsphase Hilfestellungen und Impulse. Im Anschluss werteten wir das Projekt aus und haben Fragen gestellt. Dabei sind wir über das Produkt zur Person gelangt und haben Fragen zum Produkt und Prozess gestellt. Wie: Was hast du gemacht? Was hat dir gefallen? Was ist dir gelungen? Was hättest du gern noch anders gemacht? Was hätte noch passieren können? Wann habt ihr gemerkt, dass ihr fertig seid? Kann man das noch verändern? Auch Fragen zum Drucken in der Schule haben wir gestellt: Wozu ist Drucken gut? Sollte in der Grundschule Drucken thematisiert werden? Was durchleben Kinder beim Drucken? Warum macht Drucken Spaß? Ziele des Druckens sind, dass die SuS erste Materialzusammenhänge erfahren, ihre Feinmotorik und Ausdauer fördern, verschiedene Materialeigenschaften kennen lernen und die Kreativität durch Auswahl und Anordnung der verschiedenen Materialien steigern (vgl. Gutsche & Horst 2017). Auch nach Bareis (2000) ist das Lernziel des Druckens einfache Ordnungsgefüge, wie Reihung, Gruppierung, Streuung, Ballung und Verdichtung herzustellen. Des Weiteren sollen sie Kontraste, wie Größen-, Richtungs-, Form-, Mengenkontraste verwirklichen und Fertigkeiten im Umgang mit zeichnerischen und druckgrafischen Arbeitsmitteln und Verfahren gewinnen (S. 40). Dazu kommt, dass Vervielfältigungsmöglichkeiten von den Kindern begeistert genutzt werden. Die Möglichkeit, mehrere Exemplare herstellen zu können, führt jeweils zu einem regen Austausch von Drucken innerhalb der Schüler/innen und allein schon damit ließ sich das druckgrafische Schaffen rechtfertigen (vgl. Bareis 2000: 59). Speziell zu unseren Stationen möchte ich die einzelnen Techniken näher erläutern. Eine Station beinhaltete den Pappkantendruck. Dabei wird ein kleines Stück Pappe nur an einer Kante mit Deckfarbe mittels eines Pinsels eingefärbt und auf saugendes Papier gedrückt. Die

„gedruckte Linie" lässt sich figurativ oder spielerisch und abstrakt verwenden. (vgl. ebd.: 59). Als nächste Station haben wir den Kartoffeldruck angeboten. Dieser ist eine ausgezeichnete Einführung in das Wesen des Hochdrucks. Für den Kartoffeldruck benötigt man feste, rohe Kartoffeln. Meist werden viereckige, quadratische, dreieckige, runde Stempel hergestellt oder andere Muster eingeritzt. Die Stempelfläche wurde mit Deckfarbe bestrichen und auf saugendes Papier abgedruckt. Danach wurde u. a. nach Ordnungsprinzipien gedruckt, wie Reihung, Streuung, Ballung, drucken mit der gleichen Form mit verschiedenen Formen im Wechsel, einfarbig, mehrfarbig. Wird z. B. in einen quadratischen Kartoffelstempel ein Stern geschnitten, eingefärbt und abgedruckt, so bleibt die Sternfigur weiß. Wird hingegen von der quadratischen Ausgansform alles mit Ausnahme der Sternfigur weggeschnitten, dann druckt beim Stempeln nur der Stern (vgl. ebd.: 59). Unsere dritte Station beschäftigte sich mit dem Blätter- und Stockdruck, eine besondere Form des Materialdrucks. Nach Einwalzen mit Druckfarbe der Blätter werden diese auf Papier abgedruckt (auch übereinander). Durch ihre Oberflächenstruktur sind diese für den Materialdruck besonders geeignet (vgl. ebd.: 61). Kinder können mit den bereitgestellten Materialien experimentieren und herausfinden welches Material, welchen Abdruck hinterlässt, um dann eine Papierfläche variationsreich mit Druckspuren, deren Wiederholungen und Überlegungen zu füllen (vgl. ebd.: 57).

Eine weitere Station stellten die Hand- und Fingerabdrücke dar. Eigene Druckspuren durchleben Kinder bereits im Kleinkindesalter, in dem sie Spuren im Schnee machen (vgl. Kirchner 2013: 55). Dies kann man zum Einstieg in der 1. und 2. Klasse heranziehen. Auch Finger- und Handabdrücke sind für Kinder ein guter Einstieg zum Drucken und kann von Klasse zu Klasse erweitert werden (vgl. ebd.: 55f.). Die Einmaligkeit eines Fingerabdrucks stellt sich im Betrachten und Vergleichen sehr eindrücklich dar, zumal anhand einer solchen Spur Menschen aus Abertausenden unterschieden werden können. Die Kinder untersuchen, welche Fingerkuppe welchen Abdruck erzeugt und ob sich die Spur durch verändertes Aufsetzen variieren lässt. Es wird auch erprobt, wie oft man den einmal eingefärbten Finger oder die Hand abdrucken kann. Nach und nach entstehen aus zufälligen Überlagerungen bewusst aneinandergesetzte Formen, die mit wenigen hinzugefügten Strichen zu Tieren und Personen weiterentwickelt werden. Auch kann man dazu kleine Geschichten erfinden (vgl.: ebd.: 56). Wie in den Beispielen im Anhang zu sehen sind, kann man auch ganz andere Dinge aus Handabdrücken gestalten (Anhang 2).

Abschließend lässt sich nochmal sagen, dass die Druckgrafie ein ganz eigenes Gegenstandsfeld ist. Zahlreiche Gegenstände unserer Umwelt sind in Bild und Schrift gedruckt. Kindern sind nicht nur diese in verschiedene Drucktechniken gestalteten Alltagsprodukten vertraut, sie kennen auch die Reproduktionsverfahren des Kopierens und nutzen die Möglichkeiten des Computerausdrucks. Die Reproduzierbarkeit von Gestalteten wird als selbstverständlich wahrgenommen. Druckgrafiken haben gemeinsam, dass ein Druckstock mit druckbaren und nicht druckbaren Bereichen vorhanden sein muss, sowie Farbe, die auf ein Bildträger gedruckt wird. Mehr als in anderen Formen bildnerischer Tätigkeit rückt der Gestaltungsprozess in das Bewusstsein, zum einen muss eine präzise Vorstellung des Dargestellten entwickelt werden, um die Seitenverkehrung zu bedenken, zum anderen sind Korrekturen problematisch (vgl. Kirchner 2009: 165 f.). Einmal Weggenommenes lässt sich nicht wieder hinzufügen.

Jeder Druck ist eine Überraschung. Das Ergebnis ist ein Zwischenschritt im Gestaltungsprozess, der bewusst reflektiert werden muss. Das Gedruckte ist veränderbar und verpflichtet zum Nachdenken über die weitere Vorgehensweise.

Fazit:

Unser Projekt hat mir viel Freude bereitet und es sind schöne Drucke dabei entstanden (Anhang 4). Jede Drucktechnik lässt sich leicht in der Grundschule umsetzen und den Altersklassen entsprechend variieren.

Literaturverzeichnis:

Aissen-Crewett, Meike (2007): Kunstunterricht in der Grundschule. Dr. A 7. Braunschweig: Westermann (Praxis Pädagogik).

Bareis, Alfred (2000): Praxis der Kunsterziehung. 1.- 6. Jahrgangsstufe ; Zeichnen/Drucken, Malen/ Collagieren, plastisches Gestalten ; Unterrichtsplanung, -gestaltung ; therapeutische Aspekte ; Kreativität/Kreativitätserziehung. 5., überarb. und erw. Aufl. Donauwörth: Auer.

Eid, Klaus; Langer, Michael; Ruprecht, Hakon (2002): Grundlagen des Kunstunterrichts. Eine Einführung in die kunstdidaktische Theorie und Praxis. 6., durchges. Aufl. Paderborn: Schöningh (UTB für Wissenschaft Uni-Taschenbücher Didaktik des Kunstunterrichts, 1051).

Etschmann, Walter (1996): Druckgraphik. [Kunsterziehung]. 2., überarb. Aufl. Donauwörth: Auer (Fundus, 18).

Gutsche, Christa; Horst, Margit (2017): Materialdruck. Online verfügbar unter https://www.kunst-techniken.de/ drucktechniken/ materialdruck/, zuletzt geprüft am 13.08.2017.

Hirschle, Thomas: Kompetenzentwicklung: Rahmenlehrpläne Online Berlin-Brandenburg. Online verfügbar unter http://bildungsserver.berlin-brandenburg.de/rlp-online/c-faecher/kunst/kompetenzentwicklung/, zuletzt geprüft am 13.08.2017.

Kirchner, Constanze (2009): Kunstpädagogik für die Grundschule. 1. Aufl. Bad Heilbrunn: Klinkhardt (Studientexte zur Grundschulpädagogik und -didaktik). Online verfügbar unter https://www.content-select.com/index.php?id=bib_view&ean=9783781552180.

Kirchner, Constanze (Hg.) (2013): Kunstunterricht in der Grundschule. 4. Aufl. Berlin: Cornelsen-Scriptor (Lehrerbücherei).

Sandtner, Hilda (1979): Stoffmalerei und Stoffdruck. Geschichte, Technik, Gestaltung. Köln: DuMont (DuMont-Taschenbücher, 75).

Anlagenverzeichnis:

1 Handout

2 Vorbereitungsarbeiten für mein Projekt „Finger- und Handabdrücke"

3 Entstandenes Plakat zum Einstieg

4 Entstandene Bilder während des Projekts

Anhang:

1 Handout

Drucktechniken

Definition:

Der Druckprozess dient der Vervielfältigung einer Grafik, bei der mittels spezifischer Verfahren des Anpressens oder Drückens von einer Druckform (Druckplatte, -stock) Farbe auf einen Bedruckstoff (z. B. Papier) übertragen wird. Dabei entsteht ein **seitenverkehrtes Bild.**

1. Hochdruck (Holzschnitt, Holzstich, Linolschnitt, Stempel)

Beim **Hochdruck** schneidet man die nicht zu druckenden Flächen aus dem Druckstock heraus. Es werden nur erhabene Linien und Flächen gedruckt.

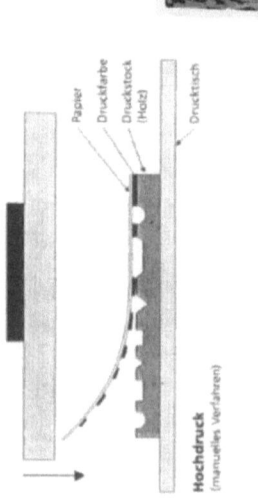

Albrecht Dürer - Rhinocerus (1515) - Holzschnitt

Ernst Ludwig Kirchner - Wintermondnacht (1919) - Farbiger Holzschnitt in mehreren Platten

2. Tiefdruck (Radierung, Kaltnadel, Kupferstich)

Beim **Tiefdruck** drucken alle Vertiefungen in einem Druckstock.
In diese wird Farbe eingebracht, indem man die Platte einschwärzt und dann die glatten Flächen säubert.

Albrecht Dürer - Adam und Eva (auch:
Sündenfall) (1504) - Kupferstich

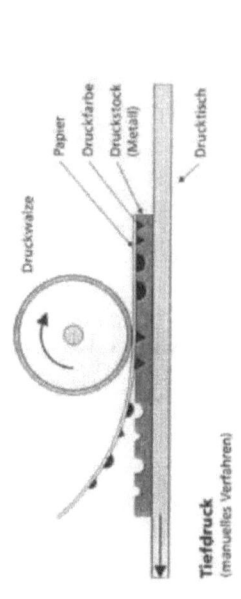

Tiefdruck
(manuelles Verfahren)

Rembrandt van Rijn - Faust (1652/53) -
Ätz-Radierung mit Kaltnadel und Kupferstich

Henri de Toulouse-Lautrec - Divan Japonais (1892) - Lithographie

3. **Flachdruck (Lithografie, Algrafie, Zinkografie, Offsetdruck)**

Beim **Flachdruck** liegen zu druckende und nicht zu druckende Teile auf einer Ebene.

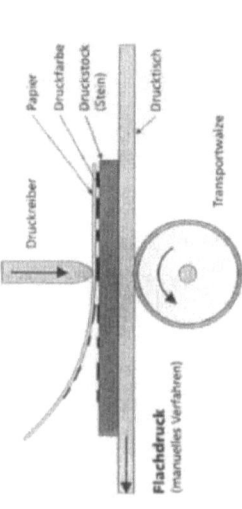

Joan Miró - Zufriedene Katze (1975) - Farblithographie

4. Durchdruck (Siebdruck, Monotypie)

Das **Durchdruckverfahren** ist ein Schablonendruck. Dabei wird die Farbe durch ein Sieb auf das Papier gedruckt.

Siebddruck (manuelles Verfahren)

Rahmenholz · Absprunghöhe (ca. 5 mm) · Sieb · Rakel · Farbe · bedruckte Fläche · Schablone · Drucktisch · Papier

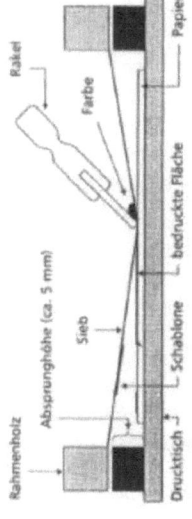

Andy Warhol - Marilyn Diptych (1962) - Siebdruck

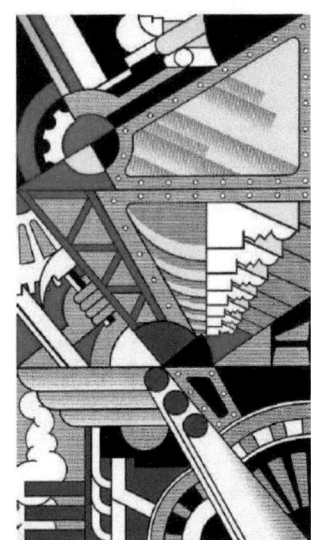

Roy Liechtenstein - Preparedness (1968) - Siebdruck

Literaturverzeichnis:

Aissen-Crewett, Meike (2007): Kunstunterricht in der Grundschule. Dr. A 7. Braunschweig: Westermann (Praxis Pädagogik).

Bareis, Alfred (2000): Praxis der Kunsterziehung. 1.- 6. Jahrgangsstufe : Zeichnen/Drucken, Malen/ Collagieren, plastisches Gestalten ; Unterrichtsplanung, -gestaltung : therapeutische Aspekte ; Kreativität/Kreativitätserziehung. 5., überarb. und erw. Aufl. Donauwörth: Auer.

Borkmann, Klaus; Feigentreu, Simone (Hg.) (2005): Duden Basiswissen Schule Kunst. [7. Klasse bis Abitur]. Mannheim: Dudenverl. (Duden, Basiswissen Schule).

Eid, Klaus; Langer, Michael; Ruprecht, Hakon (2002): Grundlagen des Kunstunterrichts. Eine Einführung in die kunstdidaktische Theorie und Praxis. 6., durchges. Aufl. Paderborn: Schöningh (UTB für Wissenschaft Uni-Taschenbücher Didaktik des Kunstunterrichts, 1051).

Etschmann, Walter (1996): Druckgraphik. [Kunsterziehung]. 2., überarb. Aufl. Donauwörth: Auer (Fundus, 18).

Kirchner, Constanze (Hg.) (2013): Kunstunterricht in der Grundschule. 4. Aufl. Berlin: Cornelsen-Scriptor (Lehrerbücherei).

2 Vorbereitungsarbeiten für mein Projekt „Finger- und Handabdrücke"

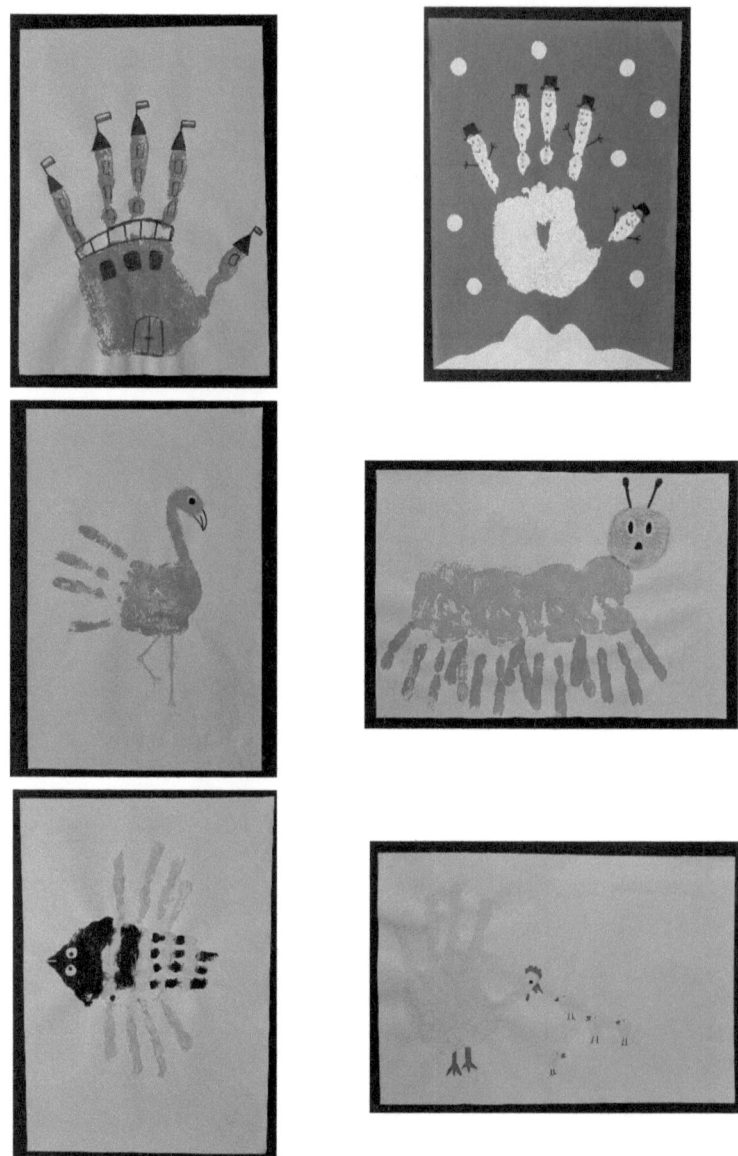

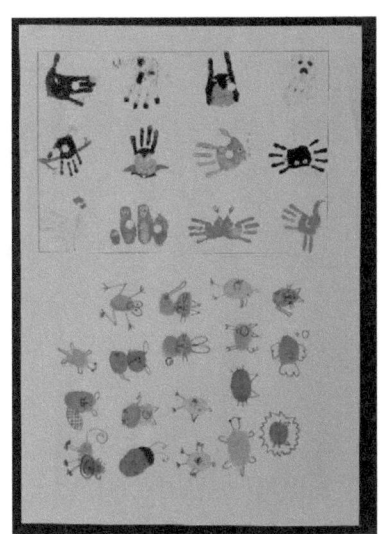

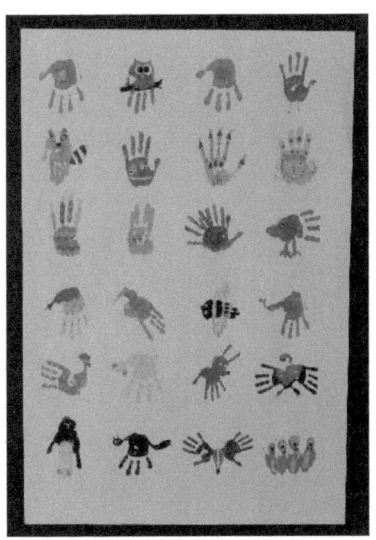

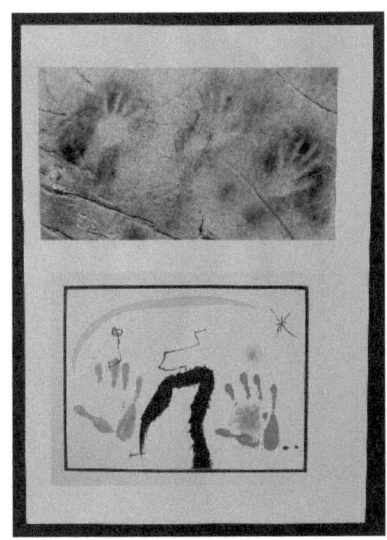

3 Entstandenes Plakat zum Einstieg

4 Entstandene Bilder während des Projekts